어린이 직업 아카데미 ③
우주인

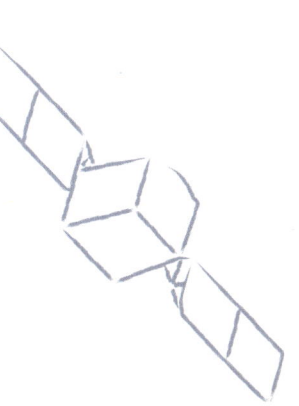
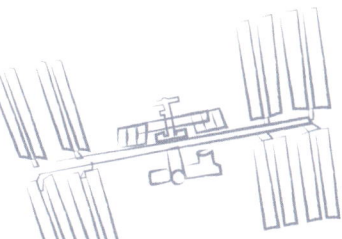

글 스티브 마틴
영국에서 선생님을 하다가 어린이를 위한 책을 쓰기 시작했고, 오랫동안 많은 작품 활동을 했어요.
이 시리즈는 학교에서 어린이들을 가르칠 때 직업의 세계를 새롭게 전달해 줄 방법을 고민했던 작가가
전문가들의 의견을 참고하여 만들었어요.

그림 제니퍼 팔리
아일랜드에서 활동하는 일러스트레이터로 밝고 색감이 아름다운 그림으로 많은 사랑을 받고 있어요.
다양한 그림책과 앱 콘텐츠, 영국 홍보물 작업을 했어요.

옮김 및 추천 채연석
경희대학교에서 물리학 학사, 기계공학 석사 학위를 받았고, 미시시피 주립대에서 공학 박사, 항공우주공학 석사, 박사 학위를
받았어요. 6대 한국항공우주연구원 원장을 지냈고, 현재 한국항공우주연구원 연구위원, 한국우주소년단 부총재로 활동하고 있지요.
지은 책으로는 《눈으로 보는 로켓 이야기》, 《눈으로 보는 우주개발 이야기》, 《로켓 이야기》, 《우리는 이제 우주로 간다》,
《처음 읽은 미래과학교과서-우주공학》 등이 있어요.

어린이 직업 아카데미③ 우주인

초판 3쇄 발행 2019년 2월 5일
글 스티브 마틴 | 그림 제니퍼 팔리 | 옮김 채연석
펴낸이 홍석 | **전무** 김명희 | **편집부장** 이정은 | **편집** 차정민·이선아 | **디자인** 나비 | **마케팅** 홍성우·이가은·김정혜·김정선 | **관리** 최우리
펴낸곳 도서출판 풀빛 | **등록** 1979년 3월 6일 제8-214호 | **주소** 서울특별시 서대문구 북아현로 11가길 12 3층 (북아현동, 한일빌딩)
전화 02-363-5995(영업) 02-362-8900(편집) | **팩스** 02-393-3858 | **전자우편** kids@pulbit.co.kr | **홈페이지** www.pulbit.co.kr

ISBN 978-89-7474-721-3 74080
ISBN 978-89-7474-718-3 (세트)

이 도서의 국립중앙도서관 출판예정도서목록(CIP)은 서지정보유통지원시스템홈페이지(http://seoji.nl.go.kr)와
국가자료공동목록시스템(http://www.nl.go.kr/kolisnet)에서 이용하실 수 있습니다.(CIP제어번호: CIP2017008301)

Astronaut Academy by Steve Martin and Jennifer Farley
First published in the UK in 2016 by Ivy Kids at Ovest House 58 West Street, Brighton BN1 2RA, United Kingdom
Copyright © 2016 Ivy Kids, an imprint of Ivy Press Limited All rights reserved.
Korean translation rights arranged with Quarto Publishing Plc, for its Imprint The Ivy Press through Amo Agency, Korea.

이 책의 한국어판 저작권은 AMO 에이전시를 통해 저작권자와 독점 계약한 도서출판 풀빛에 있습니다.
신 저작권법에 의해 한국 내에서 보호를 받는 저작물이므로 무단 전재와 무단 복제를 금합니다.

*파본이나 잘못된 책은 구입하신 곳에서 바꿔드립니다.

제품명 아동 도서 | **제조년월** 2019년 2월 5일 | **사용연령** 8세 이상
제조자명 도서출판 풀빛 | **제조국명** 대한민국 | **전화번호** 02-363-5995
주소 서울 서대문구 북아현로 11가길 12 3층 (북아현동, 한일빌딩)
KC마크는 이 제품이 공통안전기준에 적합하였음을 의미합니다.

 주 의
종이에 베이거나 긁히지
않도록 조심하세요.
책 모서리가 날카로우니
던지거나 떨어뜨리지 마세요.

어린이 직업 아카데미 ③
우주인

스티브 마틴 글

제니퍼 팔리 그림

채연석 옮김

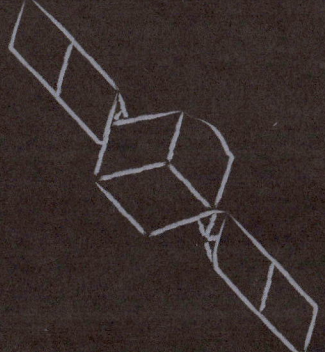

풀빛

차례

우주인 학교에 오신 걸 환영합니다! 6
우주인을 만나 볼까요? 8

우주선 조종사

빠르게 반응해요 10
T 마이너스… 발사 준비! 12
우주 왕복선을 알아봐요 14
도킹이 뭘까요? 16
임무 통제 센터에서는 무슨 일을 할까요? 18

우주에서 살아남기

우주복을 입어요 20
국제 우주 정거장은요… 22
우주 식량을 키워요 24
응급 처치 기술을 배워요 26

우주 공학자

우주 장비를 수리해요 28
우주선을 수리해요 30
우주 유영이 뭘까요? 32
아폴로 13호 이야기 34
긴급 대처 요령 36

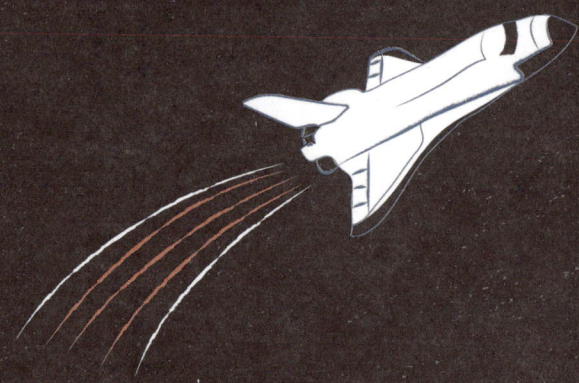

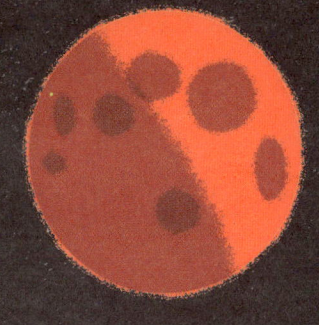

 **우주 과학자**
로켓을 만들어요 38
궤도가 뭘까요? 40
붉은 행성, 화성 42
중력을 알아봐요 44

 **우주 체력 단련**
우주복에 적응해요 46
튼튼한 우주인이 되려면 48
무중력 훈련을 해 볼까요? 50
체력을 키워요 52

 **탑재물 전문가**
임무 패치를 그려요 54
우주 탐험의 역사 56
우주 자동차를 만들어요 58
도전! 화성 탐험 60

 **부록**
스티커
화성 탐험 카드
게임말
우주 탐험의 역사 포스터
화성 탐험 게임판
입체 우주 왕복선 모형 만들기

우주인 아카데미에 오신 걸 환영합니다!

축하합니다! 지구에서 그리고 우주에서도 가장 신나는 직업을 선택했군요! 지금부터 안전한 지구를 떠나 변화무쌍한 우주를 구석구석 여행할 거예요. 물론 그 전에 우주인이 되기 위한 훈련을 받아야 해요.

우주인은 재미로 우주에 날아다니는 게 아니거든요. 많은 일을 할 줄 알아야 하지요. 우주를 여행하려면 탐험가, 조종사, 과학자, 공학자 그리고 수리 기술자가 되어야 해요. 우주인 아카데미에 다니는 동안 이 모든 걸 배울 거예요. 훈련을 통해 체력과 정신력도 기를 거고요.

이번 훈련의 목적은 화성 탐험이에요. 인류는 이미 달을 정복했어요. 다음 도전은 화성이지요. 훈련 과정은 미국 항공 우주국 나사에서 **우주 왕복선***을 타고 **우주 정거장***에 다녀오는 거예요. 이 훈련을 마치고 나면 화성 탐험을 할 수 있어요.
자, 이제 우주인 후보생 카드를 작성하고 훈련을 시작하세요.

행운을 빕니다, 우주인 후보생 여러분!

훈련을 받는 동안 여러 가지 우주인 자격을 얻게 될 거예요.

그 전에 우주인 후보생 카드의 빈칸을 채우고, 우주인 아카데미에 등록하세요.

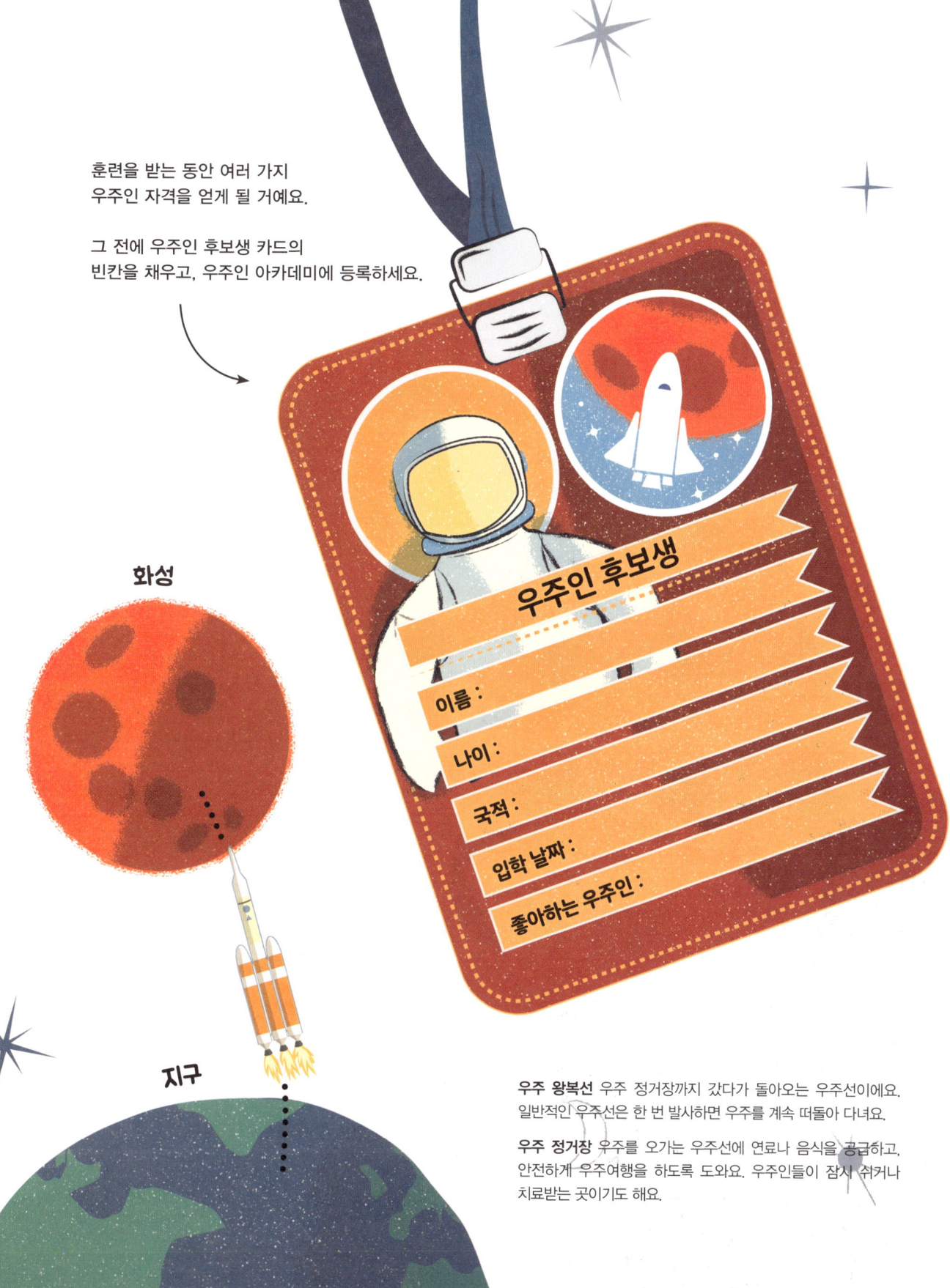

화성

지구

우주인 후보생

이름 :

나이 :

국적 :

입학 날짜 :

좋아하는 우주인 :

우주 왕복선 우주 정거장까지 갔다가 돌아오는 우주선이에요. 일반적인 우주선은 한 번 발사하면 우주를 계속 떠돌아 다녀요.

우주 정거장 우주를 오가는 우주선에 연료나 음식을 공급하고, 안전하게 우주여행을 하도록 도와요. 우주인들이 잠시 쉬거나 치료받는 곳이기도 해요.

우주인을 만나 볼까요?

지금부터 우주선 안에 있는 모든 사람의 역할을 훈련할 거예요. 우주 비행사부터 과학자까지 모두요. 우주 비행 중에 동료 우주인이 아프면 그 역할을 대신할 수 있어야 하거든요. 그래야 문제없이 우주 비행을 계속할 수 있기 때문이지요.

이 모든 훈련을 하고 나면 우주인으로 선발될 확률이 높아져요. 비로소 우주 비행에 적합한 우주인으로 거듭나는 거예요. 자, 그럼 어떤 우주인들이 있고 무슨 일을 하는지 알아볼까요?

우주선 조종사

우주인들을 지휘하고 우주선을 조종해요. 우주선 조종사는 우주선이 이륙할 때 어떻게 조종하는지, 우주 비행을 어떻게 하는지, 우주 정거장과 어떻게 도킹하는지도 알아야 해요. 마지막으로 지구에 안전하게 착륙하는 방법도 알아야 하고요.

우주 임무 전문가

우주 임무 전문가에는 우주 공학자와 우주 과학자가 있어요. 우주에서 특수한 장비를 사용해서 실험을 하고, 우주선의 작은 장치부터 거대한 부품까지 전부 다 수리하기 위해서 우주선 밖으로 나가지요. 이런 걸 우주 유영이라고 해요. 화성에 가게 되면 직접 화성에 내려서 흙이나 돌을 수집하고, 생명체가 있는지 살펴보기도 할 거예요.

탑재물 전문가

미국 항공 우주국 나사의 전속 우주인은 아니지만 각 분야의 전문가로 과학 실험이나 기술적인 작업을 도와요. 다른 우주인들과 마찬가지로 우주에서 생활하기 때문에 매우 건강해야 해요.

우주 정보

우주선 조종사

빠르게 반응해요
반응 속도 키우기

우주선 조종사는 우주에서 생길 수 있는 수많은 상황에 발 빠르게 반응해야 해요. 우주선이 착륙하거나 이륙할 때 그리고 변화무쌍한 우주에서 겪을 수 있는 위험한 상황은 무궁무진하거든요.

1950년대 첫 번째 우주인은 제트 전투기 조종사 중에서 선발했어요. 문제가 생겼을 때 빨리 대응할 수 있었기 때문이지요. 요즘은 학교 선생님, 과학자, 공학자를 포함해서 아주 다양한 직업군에서 선발해요. 하지만 우주인이 되기 위해 빠르게 반응하는 능력은 필수예요. 훈련을 통해 반응 속도를 키워 보세요.

반응 속도 키우기

준비물 : 30cm짜리 눈금자

1. 친구에게 엄지와 검지로 눈금자의 윗부분을 잡게 해요.
2. 친구의 반대편에 서서 눈금자의 아랫부분에 손을 대고, 엄지와 검지를 눈금자로부터 3cm 정도 떨어진 곳에 둬요.

3. 친구가 손에 쥐고 있던 눈금자를 갑자기 놓게 해요. 눈금자가 엄지와 검지 사이로 떨어질 거예요. 그러면 가능한 빨리 떨어지는 눈금자를 손으로 잡아요. 이 과정을 6번 반복하면서 아래의 표에 결과를 기록해요.
4. 3일 동안 훈련해요. 다른 손으로도 도전해 보세요.

아래 표에 눈금자를 잡은 곳을 기록하세요. 반응 시간이 빨라지면 손을 통과한 눈금자의 길이도 짧아질 거예요.

도전	1	2	3	4	5	6
첫째 날						
둘째 날						
셋째 날						

반응 훈련을 완벽하게 마쳤으면 스티커를 여기에 붙이세요.

스티커는 이곳에

임무 완수

우주선 조종사

T마이너스… 발사 준비!

10 - 9 - 8 - 7 - 6 - 5 - 4 - 3 - 2 - 1

영화나 TV에서 우주선을 발사할 때 '카운트다운 10초'라는 말을 들어 봤을 거예요. 그러나 실제 카운트다운은 10초보다 훨씬 전부터 시작해요.

카운트다운을 할 때 'T마이너스'라는 표현을 사용하는데, 여기서 T는 우주선을 발사하는 순간의 시간을 말해요. 그러니까 'T-30분'이라는 뜻은 우주선 발사 30분 전이라는 뜻이지요.

T 마이너스…

43 시간
* 카운트다운 시계 작동 시작
* 조종실 점검
* 내비게이션 시스템 점검

27 시간
* 발사 기술자를 제외한 모든 사람은 발사장 밖으로 이동

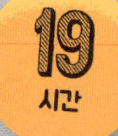
19 시간
* 우주 왕복선 점검
* 로켓 연료 주입을 위한 엔진 점검

11 시간
* 발사장 기상 상태 발표
* 최종적으로 결정된 우주인의 짐을 우주 왕복선에 싣는다.

 **6 시간** * 로켓 연료 주입 시작

 **2 분** * 우주인 헬멧에 있는 햇빛 가리개를 닫고 고정

3 시간
* 우주 왕복선 최종 점검
* 우주 왕복선에 우주인 탑승
* 출입문을 닫는다.

 **7 초** * 주 로켓 엔진 3개 작동 시작

 **20 분** * 발사를 위해 우주선에 있는 컴퓨터에 자료를 입력한다.

 **0 초** * 주 로켓 엔진 작동 중에 부스터 (추력 보강용 로켓) 점화하여 우주 왕복선…

 **9 분**
* 비행 기록 장치 작동 시작
* 자동 발사 프로그램 작동

 **5 분** * 지원 시스템 전원 장치 작동 시작

발사

i 우주 정보

우주선 조종사

우주 왕복선을 알아봐요

우주 왕복선이 이륙하려면 엄청나게 큰 힘이 필요해요. 그 힘을 만들어 내기 위해 로켓 엔진에서 액체 산소와 액체 수소 2백만 리터를 태워요. 2백만 리터는 올림픽 수영장을 가득 채울 수 있을 만큼 어마어마한 양이에요.

우주 왕복선은 이륙 후 40초 동안 수직으로 상승해요. 그리고 우주 왕복선의 배 부분이 위로 올라오도록 뒤집혀서 5분 동안 더 올라가지요. 이륙한 다음 9분 이내에 지구 궤도에 들어가요.

궤도는 지구의 둘레를 도는 길인데, 우주 왕복선은 시속 28,000km의 속력으로 궤도를 비행해요. 비행기보다 30배나 빨리요!

지구로 돌아올 때 조종사는 로켓 엔진을 끄고 활주로에 착륙해요. 20도의 급한 각도로 내려오기 때문에 착륙하는 것은 매우 어려워요. 여객기가 활주로에 착륙할 때보다 무려 7배나 경사가 크대요.

우주 왕복선이 지상 600m 높이에 도착하면 앞부분을 위로 들어서 속력을 시속 466km까지 줄여요. 그런 다음 착륙용 바퀴를 내리고, 낙하산을 펼쳐 속력을 많이 줄여서 착륙해요.

**자, 이제 여러분이 만든
우주 왕복선을 날리는 시간이에요!**

책 날개에 있는
우주 왕복선 모형을 떼서
풀로 붙이세요.

우주 왕복선 만들기

1. 우주 왕복선의 각 부분을 떼고, 종이 앞 뒤의 번호를 살펴요.
2. 앞부분은 원뿔 모양으로 만들고 ①을 뒷면 ①에 붙여요. 앞부분을 몸통과 잇기 위해 앞부분의 ②를 몸통의 ②에 붙이고, 앞부분의 ③은 몸통의 ③에 붙여요.
3. 몸통을 원통 모양으로 말고 ⑥을 뒷면 ⑥에 붙여요.
4. 뾰족한 부분을 점선을 따라 접고 ⑦번끼리 붙여요. 뾰족한 부분을 앞부분에 연결하기 위해 뾰족한 부분의 ⑧을 앞부분의 ⑧에 붙이고, 뾰족한 부분의 ⑨는 앞부분의 ⑨에 붙여요.
5. 부스터(추력 보강용 로켓)의 점선을 따라 접어요. 부스터의 ⑩, ⑪을 몸통의 ⑩, ⑪에 붙이고 부스터의 ⑫, ⑬을 몸통의 ⑫, ⑬에 붙여요.

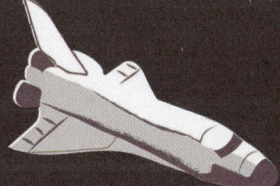

우주 왕복선을 다 만들었으면
스티커를 여기에 붙이세요.

스티커는
이곳에

임무 완수

우주선 조종사

도킹이 뭘까요?

우주인이 다른 우주선이나 우주 정거장으로 이동하기 위해 우주선끼리, 또는 우주선과 우주 정거장을 연결하는 것이 도킹이에요. 모든 우주선 조종사는 도킹을 할 줄 알아야 해요. 우주 왕복선이 비행을 할 때마다 도킹을 해야 하는데 무척 어려운 임무예요. 왜 어려운지 살펴볼까요?

* 우주 정거장은 1초에 8km를 이동할 만큼 아주 빠른 속도로 비행하고 있어요.
* 지구 주위를 돌고 있기 때문에 직선으로 똑바르게 비행하는 것이 아니에요.
* 우주 정거장의 무게는 대략 420톤으로 승용차 320대와 맞먹는 엄청난 무게예요.
* 도킹하는 우주선도 1초에 8km의 빠른 속력으로 움직이며 무게도 100톤 가까이 돼요.
* 우주 왕복선 조종사는 7.5cm 이내로 정밀하게 도킹을 해야 해요.

만일 튼튼하게 도킹되지 않으면 조종사는 도킹하기 이전으로 되돌아가서 다시 도킹을 준비해야 해요. 지금부터 우주선 도킹을 훈련해 볼까요?

어떻게 도킹할까요?

우주선이 우주 정거장과 도킹하기 위해서는 먼저 우주 정거장과 같은 궤도에서 비행하도록 조종해야 해요. 조종사는 우주 정거장의 도킹 장치와 우주선의 도킹 장치가 마주 볼 수 있도록 우주선을 회전시켜요. 우주선이 우주 정거장과 나란히 서게 되면 조종사는 조심스럽게 우주선을 우주 정거장에 고정시켜요.

우주선과 우주 정거장 사이에 만들어진 동그란 통로에 공기가 채워지면 우주인들은 우주선에서 우주 정거장으로 옮겨 타요.

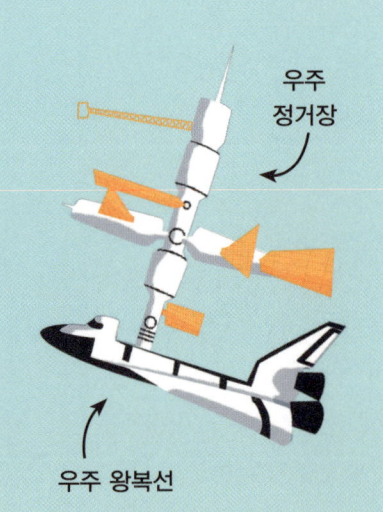

우주 정거장

우주 왕복선

도전! 우주 도킹
도킹 훈련하기

준비물

줄 1개 　　　고무 밴드 1개

플라스틱 컵 2개

눈 가리는 수건 1개

친구 1명

1. 고무 밴드를 플라스틱 컵 1개의 윗부분에 동여매요.
2. 줄을 고무 밴드에 묶어요.
3. 컵에 달린 줄을 잡고 바닥으로부터 15cm 높이까지 들어 올려요. 이 컵이 우주선이에요.
4. 친구의 눈을 수건으로 가리고 우주선 컵을 손에 쥐어 줘요.
5. 다른 컵 하나를 바닥에 놓아요. 이 컵이 우주 정거장이에요.
6. 친구에게 '왼쪽으로 6cm', 혹은 '앞으로 두 걸음'과 같이 우주 정거장 컵의 방향과 거리를 이야기하며 움직이게 해요.
7. 친구가 우주 정거장 컵 위에 왔을 때 '도킹'이라고 명령하고, 친구가 우주선 컵의 줄을 놓게 해요.
8. 바닥에 있는 우주 정거장 컵에 우주선 컵을 넣으면 도킹에 성공한 거예요.

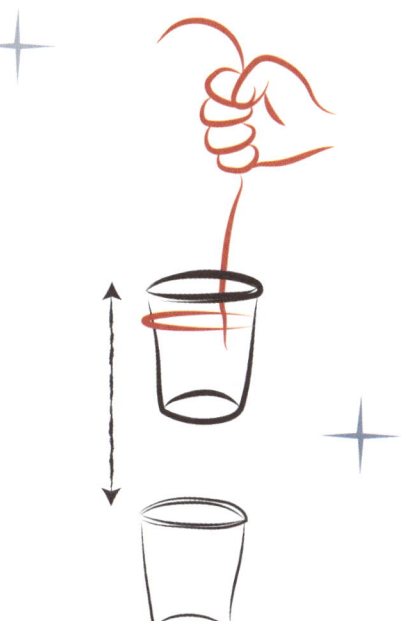

도킹에 성공하면 스티커를 여기에 붙이세요.

스티커는 이곳에

임무 완수

우주선 조종사

임무 통제 센터는 무슨 일을 할까요?

미국 휴스턴에는 미국 항공 우주국 나사의 임무 통제 센터가 있어요.
이곳에서는 나사의 모든 우주인에게 필요한 것들을 지원해요.

조종실에는 20개 이상의 계기판이 설치되어 있는데, 각 분야의 전문가들이 담당하고 있어요.

담당자들은 통신 시스템을 점검하거나 우주선 탑재 컴퓨터와 내비게이션 시스템을 점검하지요.

임무 통제 센터에는 우주인의 건강 상태를 진단하는 **의사**도 있어요.

과학자와 공학자, 기술자들이 일 년 내내, 잠시도 쉬지 않고 임무 통제 센터에서 일해요. 임무 통제 센터는 아폴로 계획에서도 사용되었어요. 아폴로 계획은 지구에서 사람을 달에 보냈다가 다시 지구로 돌아오게 하는 미국의 우주 개발 계획이에요.
아폴로 11호가 1969년 달에 착륙할 때도 사용했던 계기판들은 지금 박물관에 잘 보존되어있어요.

비행 감독관은 비행 계획에 따라 우주선 시스템이 잘 움직이고 있는지 살펴봐요.

공학자와 **기술자**들은 훈련 비행 조종실에서 우주 비행을 지원하는 방법을 배워요. 비상사태를 해결하는 방법도 배우지요.

비행 책임자는 임무 통제 센터의 지휘자예요. 우주선 비행을 안전하게 성공적으로 마무리하는 것이 비행 책임자의 임무예요.

우주 정보

우주에서 살아남기

우주복을 입어요

우주인이 입는 옷은 우리가 입는 옷보다 무척 복잡해요. 입는 데만 한 시간 이상 걸릴 정도지요. 그래서 우주복을 입을 때는 사람들이 도와주어야 해요!

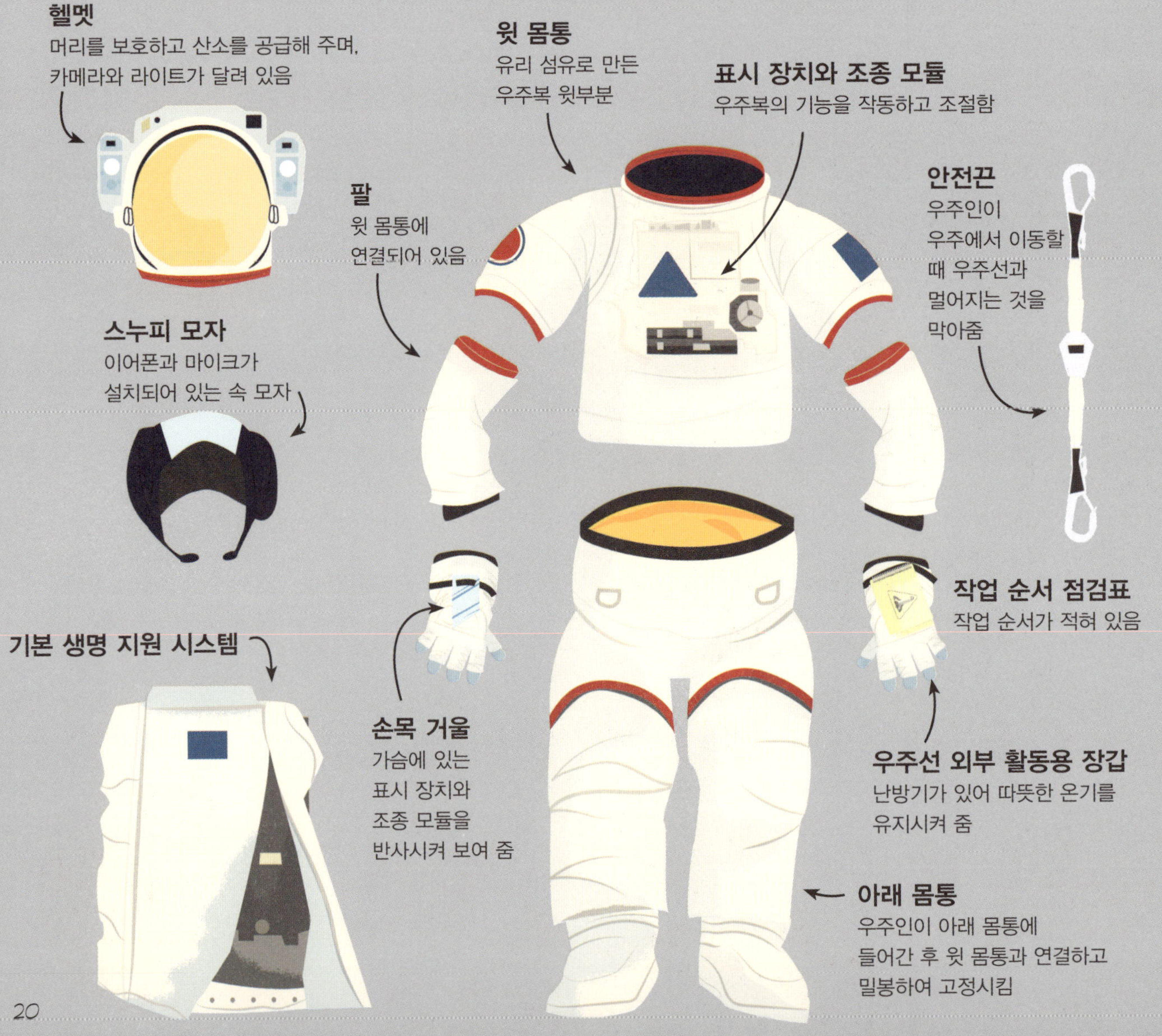

헬멧
머리를 보호하고 산소를 공급해 주며, 카메라와 라이트가 달려 있음

윗 몸통
유리 섬유로 만든 우주복 윗부분

표시 장치와 조종 모듈
우주복의 기능을 작동하고 조절함

팔
윗 몸통에 연결되어 있음

안전끈
우주인이 우주에서 이동할 때 우주선과 멀어지는 것을 막아줌

스누피 모자
이어폰과 마이크가 설치되어 있는 속 모자

기본 생명 지원 시스템

손목 거울
가슴에 있는 표시 장치와 조종 모듈을 반사시켜 보여 줌

작업 순서 점검표
작업 순서가 적혀 있음

우주선 외부 활동용 장갑
난방기가 있어 따뜻한 온기를 유지시켜 줌

아래 몸통
우주인이 아래 몸통에 들어간 후 윗 몸통과 연결하고 밀봉하여 고정시킴

우주복은 이런 기능을 해요

* 숨 쉴 때 필요한 산소를 공급해요.
* 우주의 아주 낮은 온도에서도 우주인들이 견딜 수 있도록 온도를 조절해요.
* 우주인에게 해가 되는 태양 에너지와 태양 방사선으로부터 우주인을 보호해요.
  (지구에서는 대기권이 태양으로부터 오는 위험한 방사선을 막아요.
  우주에서는 우주복이 이 역할을 대신하는 거예요.)
* 우주를 빠른 속도로 날아다니는 입자로부터 우주인을 보호해요.
* 우주복 안에 입는 내복에는 액체 냉각수가 흘러 우주인의 체온이
  많이 올라가지 않도록 조절해요.

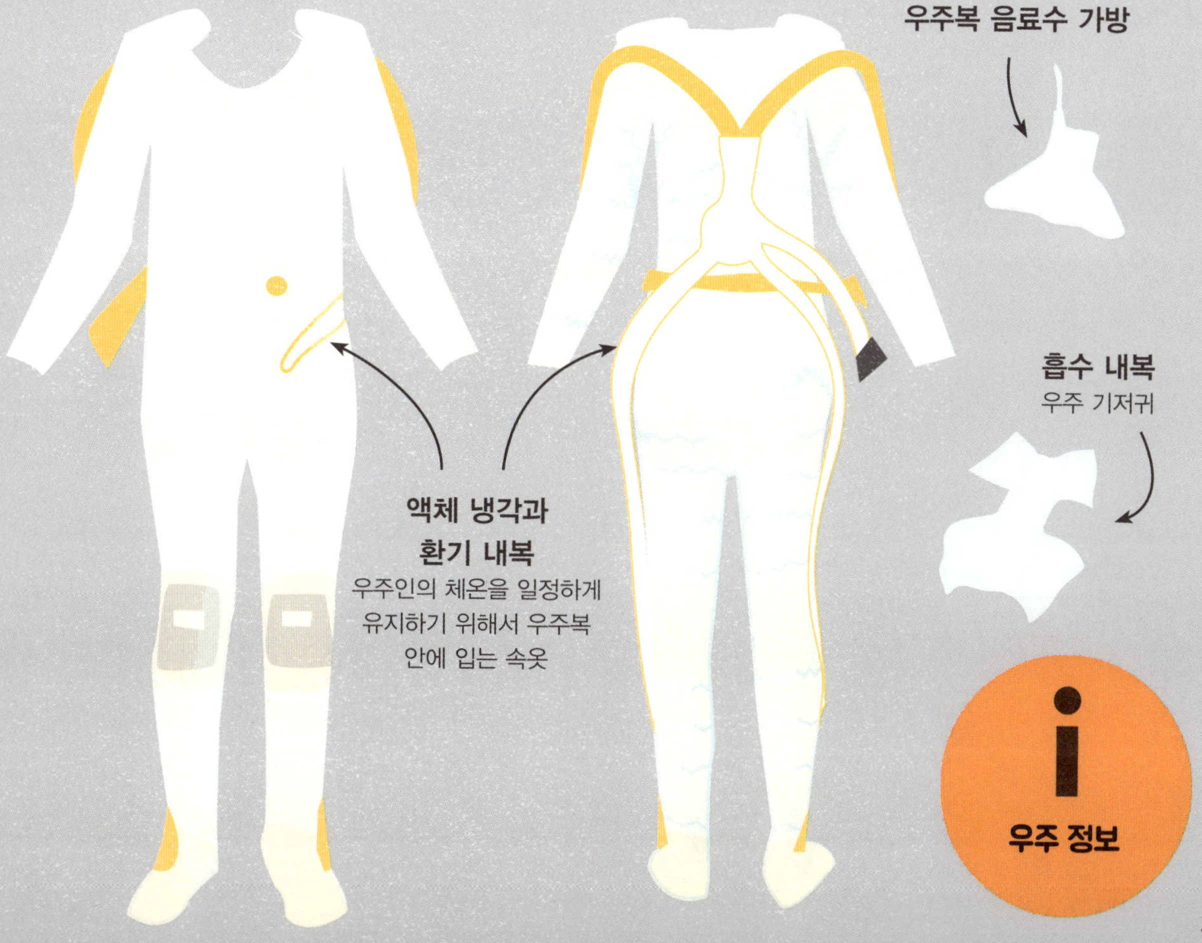

우주복 음료수 가방

흡수 내복
우주 기저귀

액체 냉각과 환기 내복
우주인의 체온을 일정하게 유지하기 위해서 우주복 안에 입는 속옷

i 우주 정보

국제 우주 정거장은요…

국제 우주 정거장은 하루에 지구를 16바퀴 돌아요. 길이는 109m, 폭 73m로 축구장보다 조금 크지요. 우주 정거장은 우주에서 조립해서 만들었어요. 지구에서 직접 발사하기에는 너무 크기 때문이에요. 우주 정거장의 모든 부품을 우주로 운반하기 위해 115번 이상 우주선을 발사했어요. 짓는 데만 13년이 걸렸고, 비용은 우리나라 돈으로 92조 원 정도 들었지요.

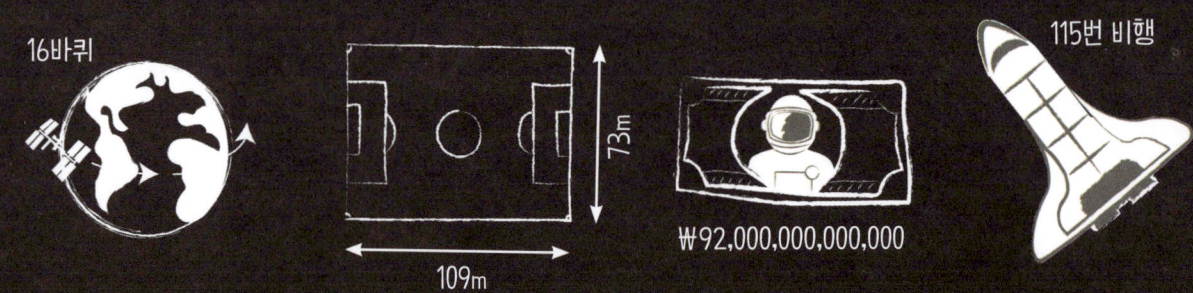

우주 정거장에서는 과학 실험을 하거나 우주 장비를 점검해요. 그동안 영국, 일본, 말레이시아, 한국, 이탈리아, 러시아, 브라질, 캐나다 등 많은 나라의 우주인들이 국제 우주 정거장을 방문했어요. 우리나라에서는 2008년 4월에 이소연 우주인을 우주 정거장에 보내 1주일 간 생활했지요.
우주인은 대개 6명씩 조를 이루어 6개월 동안 우주 정거장에 머물러요. 우주 정거장에는 388m^3의 생활 공간이 있는데 아파트 거실 13개와 같은 크기예요.

* 우주 정거장은 지구 표면으로부터 400km 위에 있는데, 이 거리는 자동차로 4시간 동안 가는 거리예요.
* 우주 정거장에는 2대의 우주선이 항상 대기하고 있어요. 비상사태가 생기면 지구로 탈출할 때 쓰지요.
* 국제 우주 정거장 건설에 참여한 연구 기관은 미국 항공 우주국, 러시아 로스코스모스, 유럽 우주 기구, 캐나다 우주국, 일본 우주 기구예요.

독일 Hallo! 할로

스페인 Hola! 올라

프랑스 Salut! 살류트

러시아 ПРИВЕТ! 프리베트

일본 こんにちは! 곤니찌와

**5개국 언어로 '안녕하세요'를 연습하세요.
국제 우주 정거장에서는 전 세계 사람들과 함께
일하기 때문에 외국어를 익히는 게 좋아요.**

1. 동료 우주인에게 다른 나라 말로 인사하는 방법을 배우세요.
2. 인사하는 방법을 배웠다면 친구에게 다시 한 번 말해 보세요.

인사말을 익혔으면
스티커를 여기에 붙이세요.

스티커는 이곳에

임무 완수

우주 식량을 키워요

우주인이 먹을 우주 식량은 모두 지구에서 가져가요. 그러나 화성까지 우주선을 타고 날아가는 데 6개월 정도 걸리기 때문에 이 긴 시간 동안 우주인이 먹을 식량을 우주선에 모두 싣고 가는 것은 불가능해요. 그래서 우주인들은 우주선에서 농사를 지어야 할지도 몰라요. 지금부터 우주 식량 키우는 훈련을 해 보아요.

우주 식량 키우기

준비물 : 씨앗, 작은 그릇, 키친타월, 탈지면

1. 작은 그릇의 포장지를 벗기고, 깨끗하게 닦아요.

2. 부록에 있는 '손대지 마세요' 스티커를 작은 그릇 겉에 붙여요.

3. 키친타월을 돌돌 말아서 뜯어낸 후, 수도꼭지 밑에 두어요. 물로 키친타월을 적신 다음, 작은 그릇의 바닥에 깔아요.

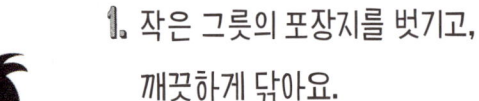

* 식물은 공기도 깨끗하게 만들어 줘요. 공기 중에서 이산화탄소를 빨아들이고 인간에게 필요한 산소를 생산하지요.
* 우주 식량은 대부분 물기를 빼고 냉동시켜서 만들었어요. 이렇게 해야 오랫동안 보관할 수 있지요.

4. 젖은 탈지면을 그 위에 채워요.

5. 씨앗을 탈지면에 올려놓고 눌러요.

6. 햇볕이 잘 들고 따뜻한 곳에 병을 두면 며칠 후에 싹이 틀 거예요.

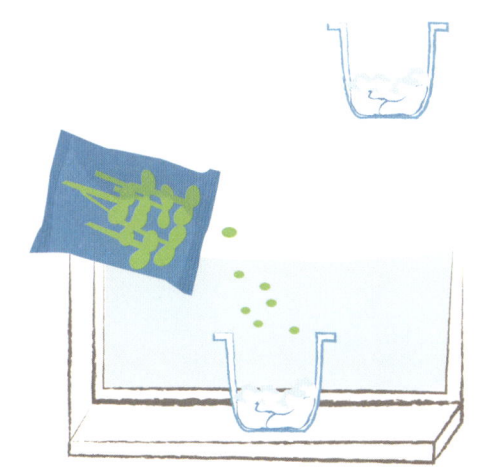

씨에서 싹이 나면 스티커를 여기에 붙이세요.

스티커는 이곳에

임무 완수

응급 처치 기술을 배워요

우주인은 몇 달 동안 국제 우주 정거장에 있어야 하기 때문에 약과 구급 장비를 갖추고 있어야 해요. 뿐만 아니라 간단한 응급 처치 기술도 알아야 하지요.
임무 통제실의 의료 전문가들은 우주인에게 생기는 대부분의 병을 치료할 수 있지만, 간단한 치료는 우주인 스스로 할 줄 알아야 해요.
만약 손목을 삐었다면 먼저 삼각건으로 팔을 고정시켜야 해요. 한번 연습해 볼까요?

삼각건 만들기

 준비물 : 커다란 사각형 헝겊.
정사각형 스카프를 사용해도 돼요.

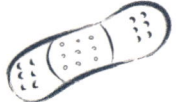

1. 정사각형 헝겊을 삼각형으로 접어요.

2. 부상당한 우주인이 팔꿈치를 구부린 채 팔을 가슴 앞으로 내밀게 해요.

3. 부상당한 팔과 우주인의 몸 사이에 삼각건을 놓아요. 삼각건의 한쪽을 팔꿈치 아래에 두어요.

4. 삼각건의 위와 아래 끝을 목 뒤에서 함께 묶어요. 너무 꽉 조이지 않도록 조심하세요.

응급 처치 기술을 익혔으면 스티커를 여기에 붙이세요.

축하합니다! 우주선 조종사 훈련을 마쳤어요.

우주선 조종사 자격증

이름 : _____

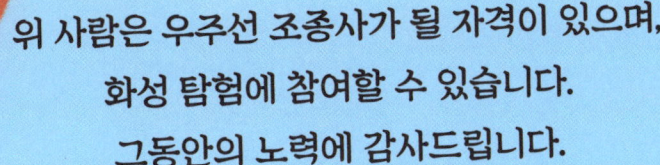

위 사람은 우주선 조종사가 될 자격이 있으며,
화성 탐험에 참여할 수 있습니다.
그동안의 노력에 감사드립니다.

이제 멋진 우주선 조종사가 될 수 있습니다!

자격증 취득 날짜 : _____

 # 우주 공학자

 # 우주 장비를 수리해요
우주에서 장갑을 끼고 수리하기

우주인은 우주에서 실험 장비를 수리하는 일도 해요. 허블 우주 망원경을 수리하게 될 수도 있지요. 작고 복잡한 장비들을 수리할 때도 있고, 두꺼운 우주 장갑과 무거운 장비를 착용하고 수리할 때도 있어요. 우주에서 어떻게 장비를 수리하는지 훈련해 볼까요?

우주 장비 수리 훈련

우주에서 무거운 장비와 두꺼운 장갑을 끼고 수리하는 훈련을 할 거예요. 섬세하게 작업하는 방법을 익혀 보세요.

준비물 : 두꺼운 장갑(스키나 보드용 장갑) 1켤레, 얇은 장갑 2~3켤레

1. 얇은 장갑과 두꺼운 장갑을 차례로 껴요.
2. 연필로 우주 미로 가운데에 있는 화성으로 가는 길을 그려요.

우주 공학자

우주선을 수리해요

손과 눈 조절하기

우주인은 무척 다양한 작업을 해야 해요. 우주선 밖에 있는 장비를 수리할 수도 있고, 굉장히 까다로운 작업을 할 수도 있어요. 예를 들면 내 손으로 직접 수리하지 않고, 로봇 팔을 들고 우주선을 수리하게 될지도 몰라요. 따라서 손과 눈의 움직임을 잘 조절하는 것이 무척 중요해요.

손과 눈 조절 훈련

준비물 : 연필, 거울

1. 거울 앞에 책을 들고 서서 거울에 비친 오른쪽 그림을 봐요.
2. 한 손에 연필을 들고 우주선의 비행 궤적을 그려요.
   연필이 선 밖으로 나가지 않게 조심해서 우주선을 따라가요.

우주 공학자

우주 유영이 뭘까요?

우주에서 이동하는 것은 지구에서는 할 수 없는 환상적인 경험이에요. **무중력 상태에서 떠다니기** 때문이지요. 이렇게 무중력 상태인 우주에서 떠다니는 것을 우주 유영이라고 해요.

지구가 아닌 거대한 공간에서 떠다니는 것을 상상해 보세요. 두렵기도 하지만 무척 흥분되지 않나요?

우주는 익숙한 공간이 아닌 만큼 우주 유영을 하려면 많은 준비가 필요해요. 먼저 우주인은 우주로 나가기 전에 우주복을 입어요. 우주복은 산소를 공급해 주고, 체온을 따뜻하게 유지해 주며, 우주 방사선을 막아 주기 때문에 반드시 착용해야 하지요.

우주복을 입은 다음, 우주 정거장의 여압 장치인 에어록으로 들어가요. 여기에는 2개의 문이 있어서 우주인이 우주로 나갈 때 공기가 새어 나가는 것을 막아 줘요.

우주 밖으로 나갈 때는 안전끈을 해야 해요. 우주선으로부터 멀어지는 것을 막아 주거든요. 안전끈이 망가졌을 때는 우주인의 등에 있는 **제트 배낭 추력기**를 조종해서 우주 정거장으로 돌아올 수 있어요.

우주 유영 훈련

어두운 우주에서 움직이는 훈련을 할 거예요.

준비물 : 6개의 작은 물체(테니스공이나 작은 장난감 등), 장갑, 배낭, 목이 긴 장화, 손전등

1. 친구에게 6개의 물체를 방 안에 숨겨 달라고 부탁해요.
2. 장갑을 끼고 목이 긴 장화를 신고 등에 배낭을 메요. 작업을 시작하기 전에 우주복이 안전한지 반드시 점검하세요.
3. 방에 들어가서 6개의 물체가 보이는지 확인해요.
4. 방을 아주 어둡게 하고 손전등을 비추면서 장갑 낀 손으로 물체를 잡아요.

물체를 모두 찾았으면 스티커를 여기에 붙이세요.

스티커는 이곳에

임무 완수

아폴로 13호 이야기

"휴스톤, 문제가 생겼어요!"

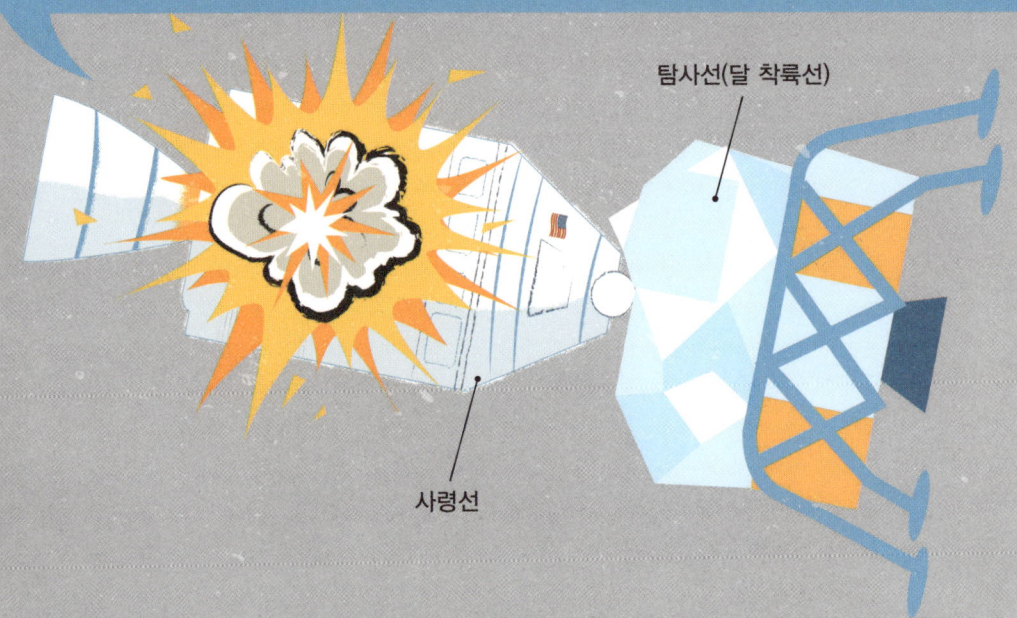

탐사선(달 착륙선)

사령선

지구로부터 322,000km 떨어진 곳에 있던 아폴로 13호가 위험에 빠지자 우주인 잭 스위가르트가 외쳤어요! 아폴로 13호는 1970년 4월 11일에 발사한 후 달에 착륙해 달의 표면에 있는 흙이나 돌을 채집해 올 예정이었어요. 그러나 달에 가던 중에 산소 탱크 하나가 폭발하는 사고를 당했어요. 뒤이어 다른 산소 탱크도 폭발했고, 남은 산소량은 우주선에 탑승하고 있던 우주인들이 10시간 정도 밖에 버틸 수 없는 양이었지요. 우주인들의 생존이 위협받게 된 거예요!

아폴로 13호는 사령선과 달 착륙선 두 개의 우주선으로 이루어져 있었어요. 달 착륙선은 달에 착륙하고 이륙할 때만 사용하고 나머지는 사령선을 쓰는 거예요. 하지만 산소 탱크가 폭발하면서 사령선의 일부가 불타 제 기능을 할 수 없었어요. 다행스럽게도 달 착륙선은 무사했지요. 물론 산소 탱크도 안전했고요. 결국 우주인들은 사령선에서 달 착륙선으로 옮겨 타고 지구로 방향을 틀었지요. 달 착륙을 포기하고 지구로 돌아오기로 결정한 거예요.

우주인들은 우주선의 전기난로와 전등을 끄고 비행했어요. 지구의 대기권을 통과할 때 사령선을 다시 쓰려면 전기를 아껴야 했거든요. 우주선이 지구 대기권을 통과할 때 엄청난 열이 생기기 때문에 높은 온도를 견딜 수 있는 사령선을 써야 해요.

우주선 안은 무척 춥고 어두웠어요. 우주인들은 생존하기 힘든 상황에서 4일을 견뎠어요. 그리고 마침내 지구에 가까이 왔을 때 사령선으로 옮겨 탔고, 안전하게 태평양에 도착했지요. 우주인들은 훈련을 통해 위기에 대처하는 능력과 팀워크를 키웠기 때문에 목숨을 구할 수 있었던 거예요. 아폴로 13호 이야기는 우주인들이 위기 상황을 성공적으로 대처한 모범 사례가 되었어요.

i
우주 정보

우주 공학자

긴급 대처 요령

우주인들은 어떤 비상사태에도 대처할 수 있어야 해요.
제어판을 점검하고 조치를 취하는 방법을 알아보아요.

1. 온도, 산소(O_2), 이산화탄소(CO_2)를 점검해요. 화살표가 녹색에 있으면 안전한 상태예요.

| 내부 온도 | O_2 수준 | CO_2 수준 |

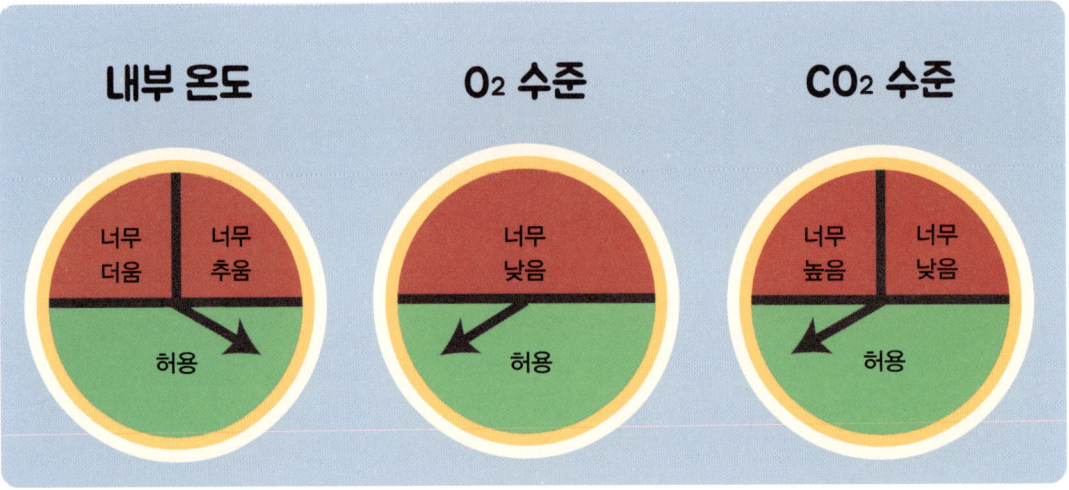

제어판을 점검한 결과를 표시하세요.

모든 시스템 좋음 _____

온도, O_2, CO_2 조절 필요 _____

2. 전력 장치를 점검해요. 모두 최소 전력 수준 이상이어야 해요.

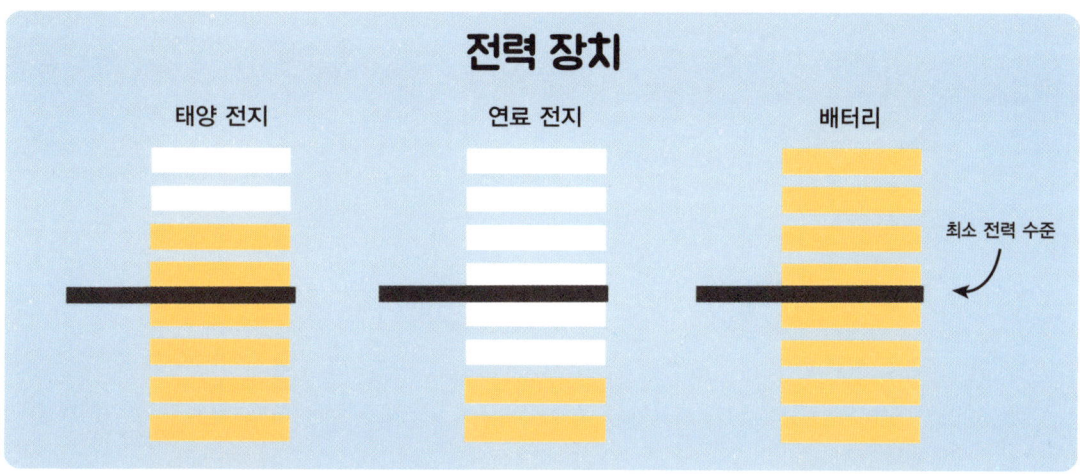

제어판을 점검한 결과를 표시하세요.

모든 시스템 좋음 _____

최소 전력 수준 이하인 장치가 있음 _____

3. 문제를 해결하려면 어떤 조치를 취해야 할까요?
어떤 행동이 올바른 해결 방법인지 표시하세요.

전력 장치 점검표

문제점	해결 방법	해결 완료
태양 전지	태양판을 움직임	
연료 전지	보조 전지로 바꿈	
배터리	배터리 교환	

정답을 확인하고, 스티커를 여기에 붙이세요.

스티커는 이곳에

임무 완수

 **우주 과학자**

로켓을 만들어요

로켓이 어떻게 작동되는지 알아보기 위해 풍선 로켓을 만들어 볼 거예요. 추진력을 이용해서 로켓이 날아가는 모습을 기대하세요.

로켓 만들기

준비물

빨대

풍선

테이프

4m 정도 되는 줄

1. 줄에 빨대를 끼워요.

2. 줄을 의자의 등받이에 묶고 의자를 양쪽으로 움직여서 줄을 팽팽하게 만들어요.

3. 풍선을 불어서 손에 쥐고 묶지는 마세요. 공기가 분출되지 않게 끝을 살짝 잡아요.

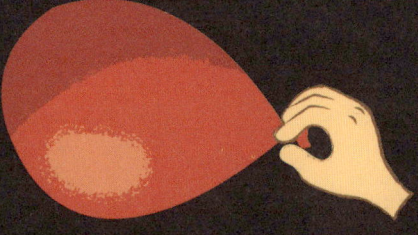

4. 풍선을 빨대에 붙여요.

5. 풍선을 한쪽 끝으로 당겨 놓고 손을 놓으면, 풍선 속의 공기가 밖으로 배출되며 앞으로 나갈 거예요.

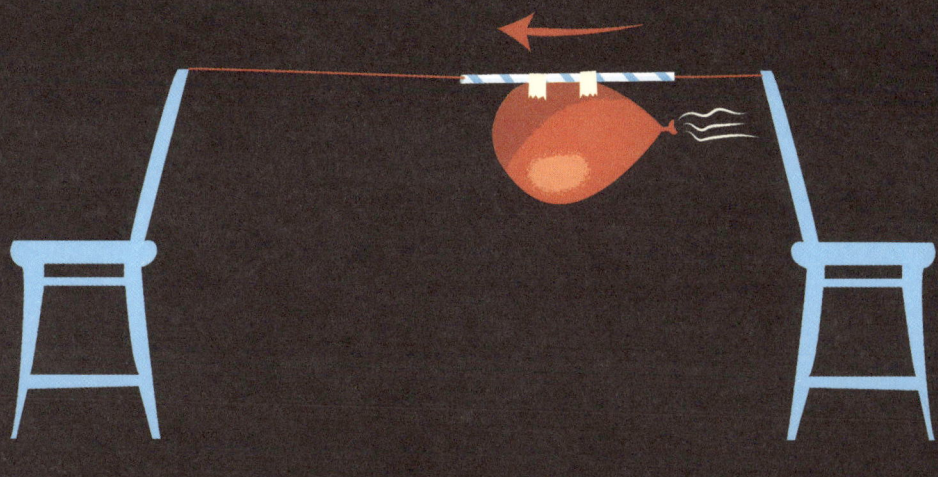

풍선은 공기가 풍선 밖으로 빠져나갈 때 추진력을 얻어 앞으로 나가요.

로켓은 어떻게 작동할까요?

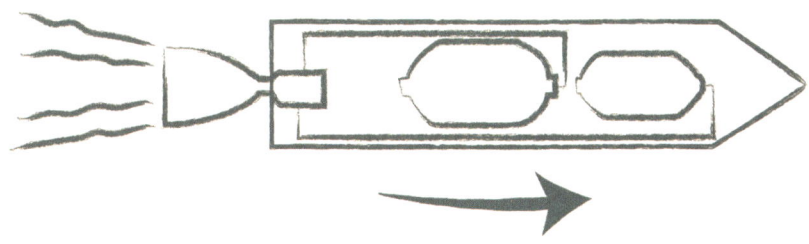

실제 로켓은 연료를 태울 때 나오는 가스가 분출하면서 앞쪽으로 나아가요.
이때 만들어지는 힘은 풍선이 앞으로 움직이게 만드는 힘과 같아요.

로켓이 발사되었으면 스티커를 여기에 붙이세요.

스티커는
이곳에

임무 완수

우주 과학자

궤도가 뭘까요?

인공위성은 지구 밖에서 지구 둘레를 돌고 있는 물체예요. 지구에는 인공위성이 수천 개 이상 있어요. 대부분 기상 예보나 통신, 지구 사진을 찍는 데 사용해요. 인공위성이 우주에서 지구를 따라 도는 길을 궤도라고 하지요.

인공위성을 지구 궤도로 올려 보낼 때에는 많은 힘이 필요하지만 일단 궤도에 올라가면 힘이 필요 없어요. 우주에는 공기가 없기 때문이에요. 지구처럼 공기가 있으면 속도가 점점 느려지기 때문에 일정한 속도로 계속 움직이게 하려면 힘이 필요하지요.

인공위성이 우주에 머무는 2가지 이유

1. **지구의 중력**
   중력은 물체를 지구 쪽으로 끌어당기는 힘이에요.
2. **인공위성의 속력**
   속력 때문에 인공위성은 지구 쪽으로 떨어지지 않아요.

인공위성이 우주에서 지구 둘레를 계속 돌고 있는 것은 지구에서 인공 위성을 잡아당기는 힘인 중력과 인공 위성이 지구에서 멀어지려는 힘이 같기 때문이에요. 인공위성은 지구 위 수 백 킬로미터 상공에서 90분에 한 번씩 지구 둘레를 돌고 있어요. 궤도가 높아지면 지구 둘레를 회전하는 속도는 느려지지요. 인공위성의 궤도가 지구 상공 35,000km까지 높아지면 지구 둘레를 하루에 한 번만 돌고, 지구에서는 항상 같은 곳에서 보여요. 지구도 하루에 한 번 스스로 돌기 때문이에요.

궤도 훈련

준비물 : 물체가 단단히 묶여 있는 끈.
요요 장난감을 이용하면 아주 좋아요.

1. **끈을 잡고 물체를 빙빙 돌려요.**
   끈이 물체를 잡아당기는 힘이 중력이고, 그 힘이 끊임없이 물체를 중심으로 끌어당긴다고 상상해 보세요. 물체가 돌고 있는 속도가 있기 때문에 끈 쪽으로 오지 않는 거예요.

우주에서 인공위성이 궤도를 일정한 속도로 돌 수 있는 이유는 중력만큼의 힘, 즉 속력이 있기 때문이에요.

화성에는 두 개의 달이 있어요!

화성의 주위에는 2개의 달이 돌고 있다는 것을 아세요?
큰 달은 포보스인데 그리스 말로 '공포'라는 뜻이에요. 그리고 작은 달 데이모스는 '극심한 공포'라는 뜻이지요. 두 달은 서로 다른 궤도를 돌고 있어요. 포보스는 평균 9,700km 높이의 궤도를, 데이모스는 평균 24,000km의 궤도를 돌고 있지요.

실험을 완벽하게 끝냈으면 스티커를 여기에 붙이세요.

스티커는 이곳에

임무 완수

우주 과학자

붉은 행성, 화성

화성은 기온이 30도에서 영하 140도까지 변해요.
평균 기온은 영하 63도 정도로 북극의 겨울보다 추워요.

화성에는 대기가 거의 없기 때문에 우주인들이 태양의
방사선에 노출돼요.

화성은 암석과 토양에 철 성분이 있어 **붉게 보여요.**
철 성분이 산화되면 녹슨 철처럼 붉게 변하거든요.

과학자들은 한때 화성에 물이 있었을
것이라고 추측해요. 지금은 없지만요.

화성의 대기는 95%가 이산화탄소예요.
이산화탄소는 독성이 있는 기체라서
너무 많으면 우주인들에게 위험해요.

화성은 자전축이 기울어져 있어서
지구처럼 날씨가 있고, 계절이 있어요.
화성의 바람은 큰 먼지 폭풍을 만들기도
하지요. 이런 먼지 폭풍이 탐사 중에
불어오면 앞을 볼 수 없을 정도예요.

화성 중력은 지구의 3분의 1정도예요.

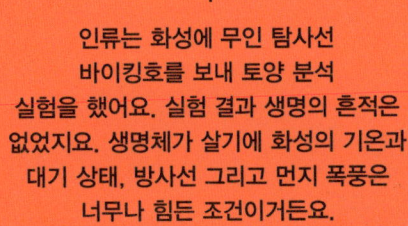

인류는 화성에 무인 탐사선
바이킹호를 보내 토양 분석
실험을 했어요. 실험 결과 생명의 흔적은
없었지요. 생명체가 살기에 화성의 기온과
대기 상태, 방사선 그리고 먼지 폭풍은
너무나 힘든 조건이거든요.

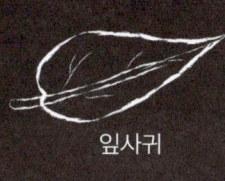
잎사귀

나뭇가지

돌

토양

화성으로 여행하는 우주인들은 화성에서 암석과 먼지 표본을 수집할 거예요.

탐사 기술 훈련

표본 수집을 위해 마당이나 공원을 조사해 보세요. 표본에 흙, 돌멩이, 나뭇가지, 잎사귀 등을 넣어도 돼요. 바닷가 여행을 계획하고 있다면 모래나 조개껍데기, 불가사리 등 다양한 생물체를 수집할 수도 있겠네요. 여기에 수집한 표본을 그려 보세요.

표본을 수집했으면 스티커를 여기에 붙이세요.

스티커는 이곳에

임무 완수

우주 과학자

중력을 알아봐요

하늘 높이 뛰어올라 보세요. 아무리 힘껏 뛰어올라도 금세 바닥으로 떨어지지요? 이건 중력 때문이에요. 중력은 지구가 물체를 끌어당기는 힘을 말해요. 물론 사람도 포함되지요. 다른 행성에도 중력은 있어요. 하지만 크기가 모두 달라요. 지구가 나를 당기고 있는 힘의 크기는 어떻게 알 수 있을까요? 몸무게를 재면 알 수 있어요.

행성별 몸무게 계산하기

준비물 : 체중계와 계산기

1. 몸무게를 재고, 지구 아래 빈칸에 적어요.
2. 몸무게와 각 행성들 아래에 적힌 수를 곱해서 빈칸에 적어요.

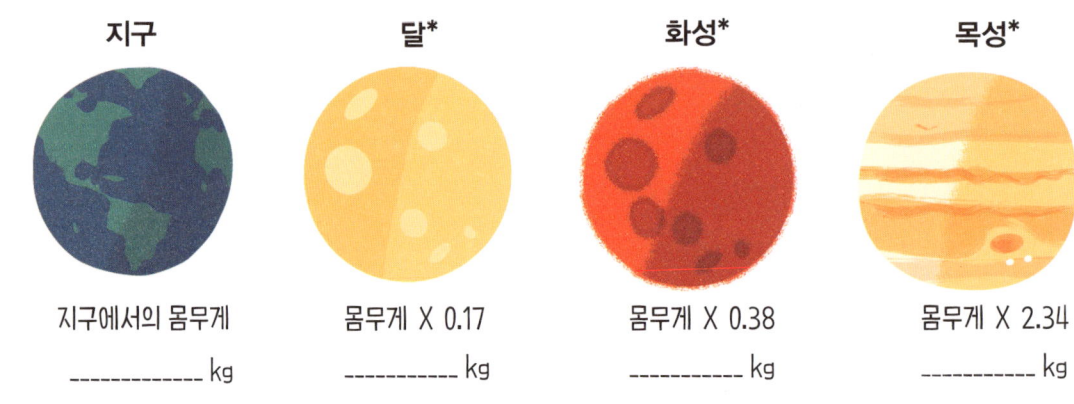

지구	달*	화성*	목성*
지구에서의 몸무게	몸무게 X 0.17	몸무게 X 0.38	몸무게 X 2.34
_____ kg	_____ kg	_____ kg	_____ kg

* 실제 행성들의 크기는 모두 달라요.

스티커는 이곳에

⭐ 임무 완수

← 행성별로 몸무게를 계산하였으면 스티커를 여기에 붙이세요.

축하합니다! 우주 임무 전문가 훈련을 마쳤어요.

우주 임무 전문가 자격증

이름 : _____

위 사람은 우주 임무 전문가가 될 자격이 있으며,
화성 탐험에 참여할 수 있습니다.
그동안의 노력에 감사드립니다.

이제 멋진 우주 임무 전문가가 될 수 있습니다.

자격증 취득 날짜 : _____

우주 체력 단련

우주복에 적응해요

우주인은 우주복을 입고 임무를 수행해야 해요. 무거운 산소통을 메고, 장비도 많이 가지고 다녀야 하기 때문에 쉽지 않지요. 우주복에 익숙해지도록 훈련을 해 볼까요?

장애물 코스 완주

준비물 : 책가방, 크지만 가벼운 물건들(예를 들면 빈 상자나 빈 플라스틱 병), 초시계

1. 물건을 책가방에 채워 넣어요. 책가방이 무거우면 안 돼요. 적당히 넣으세요.
2. 책가방을 메고 장애물을 지나가는 훈련을 해요. 중심을 잃거나 가방이 부딪히지 않게 조심해요.
3. 장애물 코스를 여러 번 반복하고 걸린 시간을 기록해요. 훈련을 계속하면 더 빨라질 거예요.

안전이 최우선이에요! 가방이 무거운지 꼭 확인하고 어른에게 지켜봐 달라고 부탁하세요.

장애물 코스 :

밧줄 밑 기어가기

발꿈치를 다른 발 앞에 이어 붙이면서 한 줄로 걷기

빗자루나 막대기 뛰어넘기

높이 있는 물건 뛰어올라 건드리기

사방치기 놀이

통나무 위에서 균형 잡기

큰 종이상자 기어서 통과하기

장애물 요리조리 피해 가기

걸린 시간을 여기에 초 단위로 기록하세요.

장애물 코스 기록

첫 번째 기록	두 번째 기록	세 번째 기록
초	초	초

장애물 코스를 완주했으면 스티커를 여기에 붙이세요.

스티커는 이곳에

임무 완수

튼튼한 우주인이 되려면

우리는 일어설 때나 걸을 때나, 어떻게 움직이든지 근육을 사용해요. 근육은 자꾸 사용해야 강해져요. 그런데 우주의 무중력 상태에서는 근육 운동을 하지 않기 때문에 근육이 약해질 수 있어요. 화성 탐험에는 많은 시간이 걸리기 때문에 어쩌면 근육이 모두 없어질지도 모르지요. 근육을 유지하기 위해서 우주인은 운동을 해야 해요. 국제 우주 정거장에 있는 우주인들은 하루에 최소한 2시간 동안은 운동을 하지요.

우주인 운동

아래 설명을 읽고, 3일 동안 운동을 한 후에 표에 표시하세요.

별처럼 뛰어오르기

1. 무릎을 구부리고 몸을 웅크려요.
2. 위로 점프를 하면서 팔과 다리를 이용해서 별모양을 만들어요.
3. 두 발로 사뿐히 바닥을 디뎌요.
4. 5번 반복해요.

쪼그려 뛰기

1. 양 팔을 어깨너비만큼 벌리고 엎드려요. 팔과 다리는 쭉 펴요.
2. 다리를 가슴 앞쪽으로 당기면서 점프해요.
3. 다시 팔짝 뛰어 처음으로 자세로 되돌아가요.
4. 5번 반복해요.

상자 오르기

1. 상자 앞에 서요.
2. 왼발을 상자 위에 올려놓아요.
3. 오른발도 상자 위에 올려놓으며 상자 위로 올라가요.
4. 왼발을 바닥에 내려놓으며 몸을 바닥으로 내려요.
5. 오른발도 바닥에 내려요.
6. 5번 반복해요.

벽 밀기

1. 벽을 마주 보며 30cm 앞에 똑바로 서요. 두 팔을 앞으로 뻗어서 손바닥을 벽에 대요.
2. 천천히 팔을 굽혀 얼굴이 벽에서 6cm 떨어지게 해요. 등은 펴야 해요.
3. 팔을 다시 뻗어요.
4. 5번 반복해요.

일어섰다 쪼그리기

1. 다리를 어깨너비로 벌린 뒤 똑바로 서요.
2. 무릎을 구부린 채 몸을 낮게 해요.
3. 다시 몸을 일으켜 바르게 서요.
4. 5번 반복해요.

제자리 걷기

1. 2분 정도 제자리에서 걸어요.

매일 운동하고, 운동을 마치면 표에 ∨하세요

운동 종류	첫째 날	둘째 날	셋째 날
별처럼 뛰어오르기			
쪼그려 뛰기			
상자 오르기			
벽 밀기			
일어섰다 쪼그리기			
제자리 걷기			

모든 운동을 완전히 마쳤으면 스티커를 여기에 붙이세요.

우주
체력 단련

무중력 훈련을 해 볼까요?

우주에 사는 것은 어려워요! 지구인에게 익숙한 중력이 없기 때문이지요. 우주인들은 무중력 상태에서 돌아다니면서 우주선을 수리하고, 여러 가지 일을 해요. 그러려면 무중력 상태가 익숙해져야겠지요? 지구에서 우주와 가장 가까운 환경은 바로 물속이에요. 미국의 휴스턴에 있는 나사의 무중력 훈련 실험실은 길이 62m, 넓이 31m, 깊이 12m의 거대한 수영장이에요. 세계에서 가장 큰 실내 수영장이고, 올림픽 규격 수영장보다 물이 11배나 더 들어가지요.

물속에는 국제 우주 정거장의 실제 크기 모형이 있어요. 우주인들은 우주복을 입은 채로 여기서 훈련해요.

무중력 훈련

준비물 : 돌멩이

1. 돌멩이를 수영장에 던져요.
2. 잠수해서 돌멩이를 가지고 나와요.
3. 돌멩이 하나를 가져오는 데 성공하면 돌멩이 개수를 두 개, 세 개로 늘려 연습해요.

친구와 함께 번갈아 가며 연습해 보세요. 무중력 상태에 익숙해질 거예요.

훈련을 마쳤으면 스티커를 여기에 붙이세요.

스티커는 이곳에

임무 완수

체력을 키워요

탑재물 전문가도 우주에서 생활하려면 다른 우주인들처럼 건강해야 해요. 민첩함과 평행 감각도 무척 중요하지요.

준비물 : 초시계, 장애물(나무 조각이나 돌멩이)

훈련 1 - 체력 키우기

달리기는 체력을 키우는 데 가장 좋은 운동이에요.
300~400m의 거리를 달리고 걸린 시간을 기록해요.
3번 반복해요.

첫 번째 달리기	두 번째 달리기	세 번째 달리기
분	분	분

훈련 2 - 체력 키우기

힘든 운동과 쉬운 운동을 번갈아하는 것도 체력을 기르는 방법이에요.
25초 동안 걷고 나서 10초 동안 있는 힘을 다해서 달려요.
또 25초 동안 걷고, 10초 동안 달리는 것을 4번 반복해요.
이게 한 세트예요. 한 세트를 마칠 때마다 아래 표에 표시하세요. 3번 반복해요.

첫 번째	두 번째	세 번째

훈련 3 - 체력과 순발력 키우기

장애물 달리기는 체력과 순발력을 동시에 키울 수 있어요.
바닥에 돌이나 스티커와 같은 장애물을 놓아요.
장애물 사이는 다섯 걸음 정도 떨어져 있어야 해요.
옆에 그림처럼 장애물을 피해 달려요.
왕복하는 데 걸리는 시간을 기록해요. 3번 반복해요.

첫 번째	두 번째	세 번째
분	분	분

훈련 4 - 균형 잡기

교실이나 운동장에 지름 1m의 원을 그려요. 원에서 열 걸음 정도 떨어진 곳에 한쪽 다리를 들고 서서 테니스공을 원 안으로 던져요. 테니스공이 원 안에 떨어지면 오른쪽에 있는 표에 ○표를 하세요. 10번 반복해요.

1	
2	
3	
4	
5	
6	
7	
8	
9	
10	

모든 훈련을 다 마쳤으면 스티커를 여기에 붙이세요.

스티커는 이곳에

임무 완수

 **탑재물 전문가**

임무 패치를 그려요

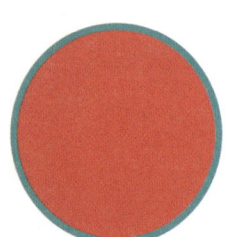

우주인은 우주에서 맡은 임무를 나타내는 패치를 붙여요. 대개 예술가와 함께 임무 패치를 만들고, 완성되면 우주복에 붙이지요.

지금까지 만들어진 임무 패치 중 가장 유명한 것은 아폴로 11호의 달 착륙 임무 패치예요. 지구에서 날아온 독수리가 달에 착륙하는 모습이지요.

인류의 첫 번째 화성 착륙을 위한 임무 패치를 디자인해 보세요.

왼쪽에 몇 가지 예가 있어요. 임무 패치를 디자인할 때 참고해 보세요. 우주에서 맡은 임무의 이름과 여러분의 이름을 넣는 것도 잊지 마세요.

임무 패치를 그리고 색칠까지
다 했으면 스티커를 여기에 붙이세요.

스티커는
이곳에

임무 완수

탑재물 전문가

우주 탐험의 역사

인류는 그동안 우주를 탐험하면서 많은 일을 했어요. 미지의 세계를 탐험하는 일만큼 멋진 일이 또 있을까요? 여러분도 우주인이 되어 우주 탐험의 역사에 길이 남을 멋진 도전을 해 보세요.

역사상 가장 훌륭하고 위대했던 우주 탐험의 사건들이에요.

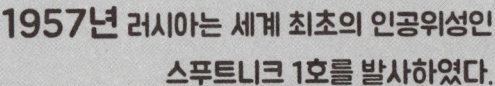

1957년 러시아는 세계 최초의 인공위성인 스푸트니크 1호를 발사하였다.

1957년 러시아는 세계 최초로 우주 강아지 라이카를 스푸트니크 2호에 태워 발사하였다.

1961년 러시아 우주인 유리 가가린이 첫 번째로 우주를 비행하였다.

1963년 러시아 우주인 발렌티나 테레쉬코바는 첫 번째로 우주를 비행한 여성이다.

1965년 러시아 우주인 알렉세이 레오노프는 처음으로 우주선 밖으로 나가 우주 유영을 성공하였다.

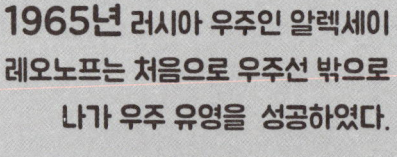

1969년 미국인 우주인 닐 암스트롱은 달 위를 걸은 첫 번째 사람이다.

1971년 러시아가 첫 우주 정거장 살류트 1호를 발사하였다.

1976년 미국의 무인 탐사선 바이킹 1호가 화성에 성공적으로 착륙하였다.

1981년 미국의 우주 왕복선 컬럼비아가 첫 비행에 성공하였다.

1990년 미국이 허블 우주 망원경을 성공적으로 발사하였다.

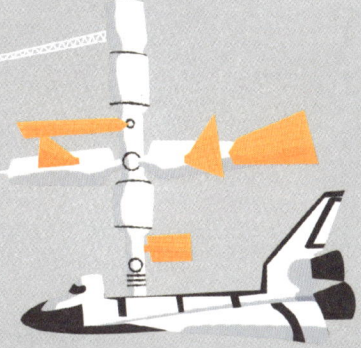

1995년 미국의 우주 왕복선이 러시아 우주 정거장 미르에 첫 번째 도킹에 성공하였다.

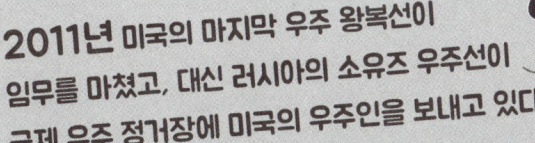

2000년 우주인들이 국제 우주 정거장에서 생활하기 시작하였다.

2011년 미국의 마지막 우주 왕복선이 임무를 마쳤고, 대신 러시아의 소유즈 우주선이 국제 우주 정거장에 미국의 우주인을 보내고 있다.

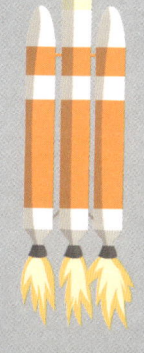

2013년 나사는 화성에 가는 데 사용할 오리온 로켓의 첫 발사에 성공하였다.

i 우주 정보

탑재물 전문가

우주 자동차를 만들어요

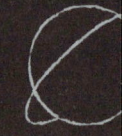

나사는 우주인이 달을 여행하는 것을 도우려고 달 자동차를 만들었어요.
이 자동차는 달의 거친 표면과 극한의 온도에서도 견딜 수 있도록 강하고 가벼웠지요.

배터리 힘으로 움직이는 달 자동차는 최대 142km까지 움직일 수 있었는데, 최고 속도는 시속 10km였어요. 사람이 지구에서 걷는 것보다 3~4배나 빠른 속도지요.

달 자동차에는 우주인 2명과 짐 그리고 달에서 채취한 암석 등을 실을 수 있었어요.

현재 화성에는 무인 자동차 큐리오시티가 있어요. 큐리오시티에는 행성의 환경을 조사하는 데 필요한 실험 장치와 카메라가 실려 있지요. 큐리오시티는 하루에 200m 정도만 움직일 수 있어요. 암석과 토양 표본을 검사하고, 퍼 올려서 검사하는 작업을 해요.

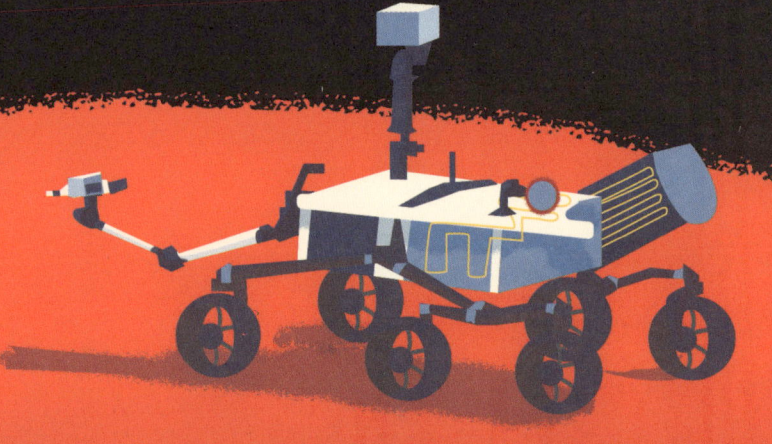

우주 자동차 설계하기

준비물

| 의자 | 상자 | 핸들 | 실험 장치 | 통신 장비 | 카메라 | 연장 |

화성은 표면이 고르지 않아 차가 움직이는 데 어려움이 많아요. 울퉁불퉁한 화성에서도 잘 이동할 수 있도록 설계해야 해요. 설계가 끝났으면 아래에 그림을 그려 보세요.

우주 자동차를 설계했으면 여러분의 스티커를 여기에 붙이세요.

스티커는 이곳에

임무 완수

탑재물 전문가

도전! 화성 탐험

우주인들이 화성에 가기까지는 수많은 훈련을 해야 해요. 식량을 재배해야 하고, 근육이 약해지는 것을 막기 위해 정기적으로 운동을 해야 하지요

세 가지 도전 과제 해결하기

아래 문제에는 각각 한 개의 정답이 있어요. 지금까지의 훈련을 잘 받았다면 정답을 찾을 수 있을 거예요. 문제를 풀어 보세요.

문제 1

화성에서는 우주 방사선에 노출될 수 있어요. 우주인의 건강에 무척 해롭지요. 어떻게 극복할 수 있을까요?

① 우주여행을 떠나기 전에 우주인의 건강을 체크한다.
② 특수한 물질로 우주선과 우주복을 만들어 방사선을 막을 수 있도록 한다.
③ 우주인과 함께 의사를 화성으로 보낸다.
④ 우주인이 지구로 돌아왔을 때 건강 검진을 한다.

문제 2

화성의 중력은 지구만큼 크지 않아요. 화성에서 이륙하기 위해서는 화성의 중력을 탈출해야 하지요. 어떻게 하면 될까요?

① 작고 가벼운 우주선을 화성 표면에 내려 보냈다가 다시 올라오게 한다.
② 화성에 충분히 큰 발사대를 세울 수 있을 만큼 충분한 장비를 화성에 보낸다.
③ 화성 표면에서 이륙하여 지구로 돌아온다.
④ 화성에 활주로를 건설한다.

문제 3

우주에는 셀 수 없을 만큼 많은 운석이 날아다녀요. 운석이 작은 것이라 해도 속력이 시속 1000km 이상으로 빠르게 움직이고 있기 때문에 충돌했을 때 피해가 무척 크지요. 이 문제를 극복할 수 있는 방법은 무엇일까요?

① 우주인이 운석을 피할 수 있게 훈련한다.
② 우주선을 운석보다 빠르게 비행한다.
③ 우주선에 무기를 싣고 비행하다 운석을 만나면 쏘아서 파괴시킨다.
④ 우주선은 철갑을 하고, 우주인을 위해서 강한 우주복을 개발한다.

정답을 확인하고 스티커를 여기에 붙이세요.

스티커는 이곳에

임무 완수

정답 ▶ 1-②, 2-①, 3-④

축하합니다! 탑재물 전문가 훈련을 마쳤어요.

— 탑재물 전문가 —
자격증

이름 : ------------------------------

위 사람은 탑재물 전문가가 될 자격이 있으며,
화성 탐험에 참여할 수 있습니다.
그동안의 노력에 감사드립니다.

이제 멋진 탑재물 전문가가 될 수 있습니다!

자격증 취득 날짜 : ------------------------

우주인 아카데미 졸업장

우주인 아카데미의 훈련 과정을 모두 마쳤어요.

이제 멋진 우주인이 될 수 있어요.

지금부터 우주인 선서를 할 거예요. 우주인 선서문을 읽어 보세요.

다 읽고 난 후에는 선서를 꼭 지키겠다는 의미로

선서문 아래에 서명하세요.

1. 우주인으로서 우주에서 일하는 것이 힘들고 위험하다는 것을 알고 있습니다.
   능력을 발전시키고 최대한 발휘할 수 있도록 노력할 것을 약속합니다.

2. 모든 우주 임무는 우주인 팀과 함께 합니다.
   항상 팀의 이익과 임무를 먼저 생각하겠습니다.

3. 언제나 정직하고 예의 바르게 행동하겠습니다.

4. 팀원들이 위험에 빠지게 하는 일은 절대 하지 않겠습니다.

5. 모든 우주인의 임무를 지지하고 우주인의 헌장을 따르겠습니다.

여러분의 얼굴을
그리거나 사진을
붙이세요.

서명 :

부록

* 스티커
* 우주 탐험 역사 포스터
* 화성 탐험 게임
* 입체 우주 왕복선 모형 만들기

화성 탐험 게임 방법

우주 탐험의 역사 포스터 뒤에 게임판이 있어요. 뒤에 있는 주사위와 로켓을 조립해서 각자 하나씩 갖고, 게임을 시작해요.

* 이 게임은 화성에 먼저 도착하는 사람이 이겨요.
* 순서대로 주사위를 굴려서 나온 숫자만큼 로켓을 이동해요.
* 로켓이 빨간 삼각형에 도착하면 화성 탐험 카드를 뽑아서 카드에 적혀 있는 대로 해야 돼요.

화성 탐험 카드

열심히 운동했어요! 우주를 여행하는 동안 근육을 잘 유지할 수 있어요.

앞으로 2칸 이동

우주선 컴퓨터에 생긴 문제를 잘 해결했어요.

앞으로 4칸 이동

첫 번째 우주 식량을 잘 길렀어요.

앞으로 6칸 이동

운석이 쏟아지는 곳을 잘 지나갔어요.

앞으로 3칸 이동

임무 통제 센터에서 가족들과 영상 통화를 했어요.

앞으로 1칸 이동

방사선 보호막이 태양 폭발을 막아 냈어요.

앞으로 3칸 이동

게임말

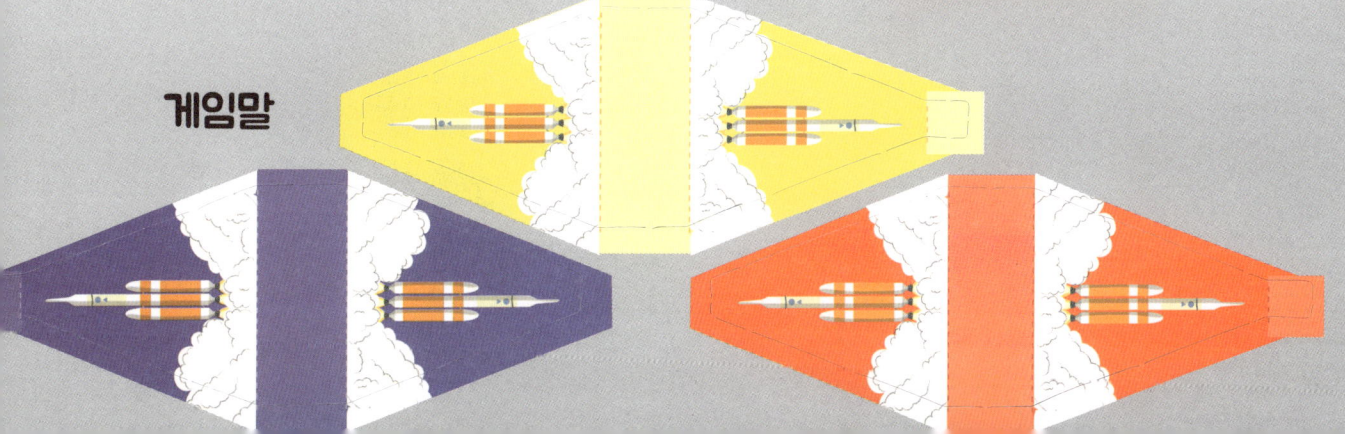

화성 탐험 카드

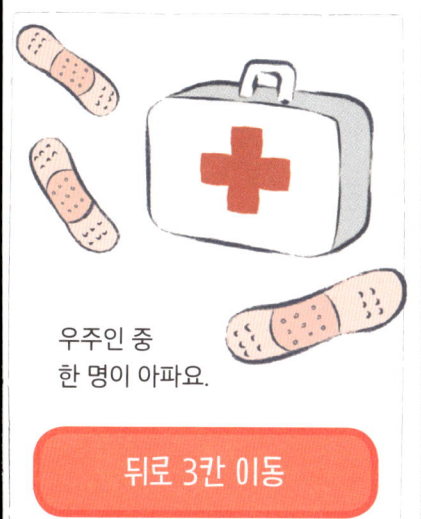

우주인 중
한 명이 아파요.

뒤로 3칸 이동

임무 통제 센터와 통신이
끊어졌어요.

뒤로 4칸 이동

우주 유영을
하기 위해 우주선을
떠나야 해요.

뒤로 2칸 이동

소행성에 부딪쳤어요.

뒤로 5칸 이동

우주선에 너무 오랫동안
머물렀더니 집에 가고
싶어졌어요.

뒤로 1칸 이동

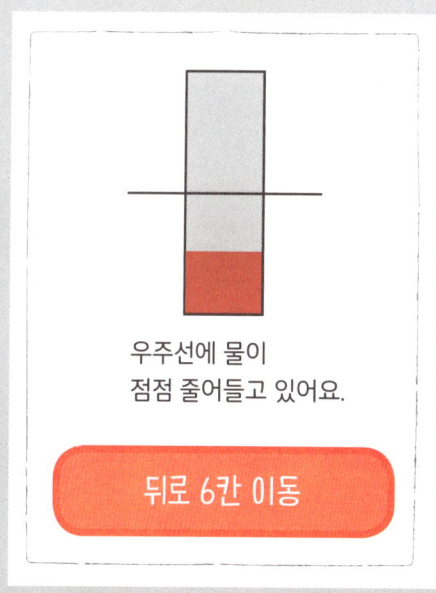

우주선에 물이
점점 줄어들고 있어요.

뒤로 6칸 이동

주사위   **게임말**

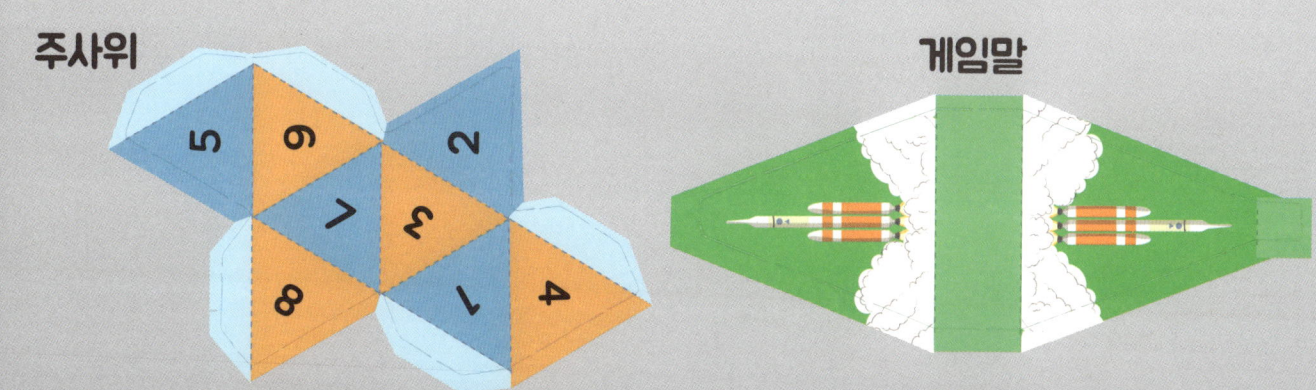